COPEAUX

D'UN

ATELIER RÉVOLUTIONNAIRE

Par M. Francis MOLARD

EXTRAIT DE L'*Annuaire de l'Yonne* POUR 1890.

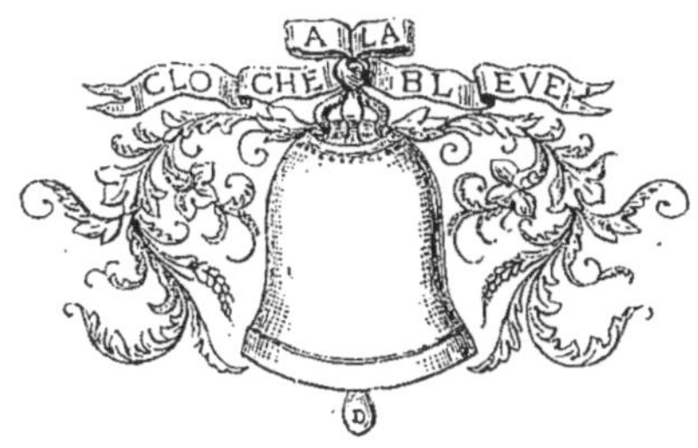

AUXERRE

IMPRIMERIE ET LITHOGRAPHIE DE L. BONSANT

1890

À Monsieur Léopold Delisle —
administrateur général de la
Bibliothèque nationale —
Hommage très-respectueux
de l'auteur
François Merlan

COPEAUX

D'UN ATELIER RÉVOLUTIONNAIRE

Lorsqu'en 1857, le baron de Bunsen apprit à Max Müller que, grâce à son intervention, les fonds étaient faits pour la publication entière du Rig-Veda, « vous voilà à la tête d'une grande œuvre, lui dit-il, vous avez un beau tronc à polir, une belle statue à sculpter ; mais promettez-moi que de temps en temps, vous nous donnerez *quelques copeaux* de votre atelier.

En effet, dans l'intervalle de la publication du Rig, Max Müller écrivit la Science du langage, les Etudes de Mythologie comparée, et beaucoup d'autres livres qui ont mis le sceau à sa réputation.

De même, mais pourtant sans aucune comparaison malséante, le Conseil général m'ayant fait l'honneur de me charger, en compagnie avec MM. Monceaux et Demay, de la publication des procès-verbaux de l'administration départementale de 1790 à 1800, je crois devoir détacher de notre riche fonds d'archives révolutionnaires que j'explore journellement, quelques-uns des documents dont l'intérêt me paraît être assez vif pour pouvoir être apprécié par les lecteurs de l'Annuaire.

Ces pièces, pour cette année, seront au nombre de trois et appartiennent toutes, non point au temps de la royauté constitutionnelle, mais bien à la période vraiment révolutionnaire, ce qui en augmente l'importance.

La première est une fort belle lettre du conventionnel

Jacques Boileau, d'Avallon, à ses collègues du Comité de sûreté générale, en date du 31 juillet 1793.

Boileau, compromis avec les Girondins, à propos de la Commission des Douze, fut exécuté avec eux quelques mois plus tard. J'ai déjà publié dans l'Annuaire de 1881, trois lettres du même député, mais postérieures à celles-ci. L'une d'elles est même signée *Jacques Boileau, membre de la f..... Commission des Douze.* Dans cette correspondance, l'attitude de l'accusé n'est rien moins que stoïcienne. Et sans insulter à sa mémoire, on peut dire qu'il s'est montré plus faible devant la mort qu'il n'était d'usage à cette époque.

Il n'en est pas de même ici. Jacques Boileau, se croyant prévenu de royalisme, de fédéralisme et d'incivisme, présente sa défense sur un ton fort digne, et touchant parfois à la véritable éloquence. Dans le récit très détaillé qu'il fait de sa vie politique, on relève quelques particularités intéressantes pour l'histoire de la révolution en ce département. Il se représente en effet comme le défenseur des Jacobins et de la République aux sociétés populaires d'Auxerre et d'Avallon, où les royalistes constitutionnels avaient beaucoup d'influence. « *En 1790*, dit-il, *le tocsin a sonné contre* « *moi à Auxerre, pour avoir donné indirectement un excel-* « *lent avis à l'assemblée électorale, en invitant, dans un* « *discours public, les nobles et les prêtres à faire entr'eux* « *la noble confédération des ostracistes, c'est-à-dire à* « *s'exclure pendant dix ans, d'eux-mêmes, des places,* « *puisqu'ils portaient ombrage à la liberté.* »

Comme il faut toujours que la note gaie se mêle au drame, Jacques Boileau termine en racontant une assez bonne histoire sur trente beaux jeunes gens qu'en 1792, il devait conduire à la frontière pour « *faire une partie de chasse aux houlans.* » — Malheureusement, les supplications de leurs mères et de leurs maîtresses détournèrent ces héros *in partibus* d'exécuter ce beau projet. Et le pauvre Boileau resta juge de paix, comme devant.

Le second et le troisième document proviennent des archives de Saint-Florentin, et m'ont été communiqués avec beaucoup d'autres, par l'obligeant M. Delagneau, secrétaire de la mairie, qui a bien voulu me les indiquer, et m'en faire lever copie. Ils doivent faire partie d'une histoire de cette petite ville durant la Révolution, que j'espère publier dès que j'aurai complété mes recherches.

La première de ces pièces est le très curieux rapport sur les dégradations subies durant la Terreur par le Temple, ou ci-devant église paroissiale de Saint-Florentin, aujourd'hui disparue et remplacée par la Collégiale, présenté par les citoyens Vincent, Tarbé, Regnard et Beaujean, au conseil général de la commune, le 9 ventôse an III. Ils avaient été chargés de ces constatations par arrêté dudit conseil, en date du 6 ventôse, même année.

Ce procès-verbal de visite est important en ce qu'il nous donne une idée assez exacte de l'état où se trouvait l'église de Saint-Florentin avant la Révolution et des œuvres d'art qui l'ornaient. On voit qu'elles étaient nombreuses. Quelques-unes avaient de la valeur : par exemple le rétable du grand autel, réprésentant la comparution de Jésus devant Pilate, la statue équestre de saint Florentin, le groupe de saint Martin, partageant son manteau avec un pauvre, qualifié de chef-d'œuvre, le rétable représentant la vie de saint Julien, dans la chapelle qui lui était dédiée, l'autel de la résurrection, dont les bas-reliefs étaient sans doute l'œuvre d'un grand maître. Mais d'immenses dévastations avaient été commises. Une nuée de vandales paraissait s'être abattue sur la pauvre église, qu'avait fort mal défendue son patron saint Martin. Rien qu'aux seuls bas-reliefs de l'autel de la Résurrection on comptait quarante-deux têtes cassées, sans compter les autres mutilations. Çà et là, on remarque quelques naïvetés. Le rapporteur découvre les restes *inanimés* de plusieurs petits anges en haut de l'escalier du Jubé. Il découvre que *saint Eloi est égaré*. Dans la chapelle de Saint-Jean, il regrette la disparition de *trois pèlerines qui regardaient un pendu*, et constate que la canne du suisse a été donnée au *tambour-major de la garde nationale*.

La dernière pièce, tirée également des archives de Saint-Florentin, est un arrêté municipal du 30 prairial an VI, autorisant en cette ville l'exercice du culte théophilanthropique. Les municipaux, après avoir constaté que requête à cet effet leur a été adressée par un grand nombre de leurs concitoyens, se défendent vivement de vouloir anéantir ou persécuter le culte catholique. Cependant, comme la tolérance leur fait un devoir de protéger toutes les religions, ils accordent aux théophilanthropes la jouissance du temple, ou ci-devant église paroissiale, tous les jours de décadi, à 11 heures du matin ; les exercices auront lieu dans la nef. Ceux-ci jouiront de la sacristie qui y est placée. Ils partageront l'usage de l'orgue avec les catholiques, mais ne pourront se servir que d'une portion du bois provenant des bancs.

Malgré la bienveillance gouvernementale et municipale, il est à croire que le culte théophilanthropique, si cher à Laréveillère-Lépeaux, ne réussit pas plus à Saint-Florentin qu'à Paris ou ailleurs. La nouvelle religion végéta obscurément jusqu'au Consulat, et disparut sans presque laisser de trace.

Francis Molard.

—

Jacques Boilleau à ses collègues du comité du Salut public.

Paris, le 31 juillet, l'an II de la République,
une et indivisible,

Au nom de la sainte justice, de la déclaration des droits et des sentiments républicains que vous professez tous, je vous demande de vous occuper de moi très promptement. *Veuillez convoquer une réunion pour moi. — Je suis malade.*

Citoyens mes collègues,

Mon nom se trouve compris dans la liste des décrétés d'accusation insérée dans le *Journal des Décrets* qui se distribue chaque jour aux membres de la Convention ; cependant le *Journal du Soir* ne m'a pas offert la même nomenclature, non plus que le *Moniteur*.

Cependant encore, je n'étois pas compris dans le décret à la suite du rapport de Saint-Just, et Barrère, auquel j'ai envoyé mes réclamations, m'a écrit qu'il n'avoit présenté d'autre liste que celle imprimée à la fin du rapport de Saint-Just. Ceci me semble donc une erreur.

En effet, citoyens, lorsque le Comité de Salut public, dépositaire de toutes les pièces qui peuvent être à la charge des détenus, ne m'a pas compris dans son projet de décret ; lorsque Barrère à la tribune ne m'a pas plus désigné comme prévenu que Saint-Just, par quelle fatalité me trouverois-je aujourd'hui flétri par un décret ?

Certes ! il m'est impossible d'admettre que sur la motion, peut-être, d'un seul individu, étranger aux travaux du Comité, d'un individu auquel j'aurois eu le malheur de déplaire, on ait pu

compromettre ainsi l'honneur et la réputation d'un citoyen irré-
prochable. Des listes qui se chargeroient aussi légèrement res-
sembleroient bien plutôt à des listes de proscription qu'à des
listes de justice nationale.

Je m'adresse à vous pour avoir satisfaction si je me trouvois
inscrit dans le procès-verbal, ce qu'il ne m'a pas encore été
possible de savoir.

Le décret de votre institution porte *que vous êtes autorisé à
vous faire représenter toutes les pièces tendantes à la justifica-
tion d s personnes arrêtées, ou à donner des preuves des délits
dont elles sont accusées pour en faire le rapport à la Convention*, etc.

Ainsi donc, du moment que je suis déclaré innocent par le
Comité de Salut public, si de nouvelles accusations s'élèvent
contre moi, j'arrive naturellement à votre compétence.

Veuillez donc me rendre le service de vous informer des raisons qui, pour ce qui me concerne, auroient pu faire changer le
rapport du Comité.

Je vous avoue que je suis plus étonné de me voir en état d'arrestation pour cause d'incivisme, de royalisme, que ne le fut
jadis le doge de Venise de se trouver à la cour de Versailles.

Comment se feroit-il que j'eusse été le complice de quelques
traîtres, moi qui ne voyois personne, moi qui n'ai assisté à aucune réunion d'individus, moi qui suis fait pour les intrigues et
la trahison, comme Caton, je puis le dire, étoit fait pour l'escla-
vage?

Je jure sur ce que l'honneur a de plus sacré dans le monde,
que je n'ai su que par la voix publique la fuite et les démarches
de ceux qui remuent les départemens.

Je le répète, je n'ai eu de relations particulières avec aucuns
de mes collègues depuis que je suis à Paris ; ainsi, comme je le
disois dernièrement, si j'avois conspiré, ce n'auroit pu être
qu'avec les chats de mon logis contre les rats qui auroient pu
ronger mes livres.

Bien au contraire, craignant la guerre civile, sentant le besoin
qu'avoient les Français d'une constitution qui devînt leur point
de ralliement, j'ai donné le conseil à quelques amis de mon district de la faire accepter, en disant que je croyois que ce seroit
un bon tour à faire à un parti royaliste qui me sembloit nous
travailler fortement. J'en ai même envoyé plusieurs exemplaires.
Je n'ai adressé de plaintes nulle part en mon département. Je
n'ai écrit qu'à mes concitoyens d'Avallon, parce que j'avois ma
réputation à soigner; et j'ai envoyé copie de ma lettre au Comité
de Salut public. Si le district d'Avallon s'est agité, ce n'a point
été par mon influence.

Moi décrété d'accusation comme prévenu de royalisme ! Moi,
qui étois, avant même la Révolution, ridicule en mon pays par
mes sorties continuelles contre les rois et les prêtres, ces pro-
fesseurs du mensonge !

Non, je ne sais plus où nous en sommes : je ne sais plus que penser, en me voyant en état d'arrestation je me demande si je suis en France ou si c'est la contre-Révolution.

Je défie qu'on trouve une seule tache en ma vie ; je défie qu'on cite une seule démarche, un seul acte qui puisse me faire suspecter d'incivisme ou de royalisme.

Du royalisme dans un cœur tel que le mien !... Que l'on s'informe dans mon pays, on apprendra qu'après l'affaire du 20 juin, lorsque les proclamations du pouvoir exécutif infectoient l'esprit public, et que le royalisme étoit dans toute sa force, je combattis publiquement les royalistes en face à la tribune de la société populaire d'Avallon ; on apprendra que je défendis les jacobins *qu'on dénigroit, qu'on accusoit* de républicanisme, je les défendis en avouant que moi aussi je ne trouvois rien de plus propre à faire le bonheur de l'espèce humaine, et à lui donner la perfection dont elle est susceptible, que le gouvernement républicain.

Que l'on cherche dans les registres des Jacobins, on me trouvera un des premiers inscrits lors de leur scission avec les Feuillans.

Que Maure dise de quel ton je parloi de cette société à celle d'Auxerre pour l'engager à lui rester attachée. Et certes, il étoit trop aisé de voir que cette société vouloit la République, et c'étoit parce qu'elle la vouloit que je lui étois singulièrement attaché.

En 90, le tocsin n'a-t-il pas sonné à Auxerre contre moi pour avoir donné indirectement un excellent avis à l'Assemblée électorale en invitant, dans un discours public, les nobles et les prêtres à faire entr'eux la noble confédération des *ostracistes*, c'est-à-dire à s'exclure pendant dix ans, eux-mêmes, des places, puisqu'ils portoient ombrage à la liberté.

Sentois-je dès lors le prix de la révolution, et les moyens de la suivre avec succès ?

C'étoit dans ce tems une telle hardiesse, qu'ayant envoyé un exemplaire de mon discours à Garat, aujourd'hui ministre, il accusa d'injustice, dans son journal, ceux qui, dans les assemblées électorales, sembloient vouloir insinuer cette exclusion.

Et certes, si l'on savoit combien de fois j'ai offert le sacrifice de ma vie, combien de fois j'ai fait celui de mon repos, de ma santé, de ma fortune pour mûrir cette révolution partout où je le pouvois, et l'amener au point où elle est, mes détracteurs resteroient confondus. Il y a deux ou trois traits de ma vie révolutionnaire connus dans mon pays, qui confondront dans tous les tems mes ennemis.

Je défie qui que ce soit d'avoir servi la révolution avec plus de désintéressement que moi. J'ai été juge de paix pendant près de deux ans ; hé bien ! pour faire voir aux aristocrates de mon pays qu'on pouvoit servir la révolution sans intérêt, j'ai présenté à la nation l'hommage de mes salaires, et il m'en a beaucoup coûté pendant mon exercice, et jamais je n'ai rien voulu recevoir de ce que la loi adjuge aux juges de paix pour leurs opérations extraordinaires, *et je n'ai pas de fortune*. Je puis le dire, j'étois béni de tous les justiciables de mon ressort, — jamais il n'y a eu un seul appel de mes jugemens.

Tout mon pays attestera qu'en 89, lorsqu'on annonça que Paris étoit environné de trente mil hommes, que la Cour alloit dissoudre l'Assemblée en renvoyant tous les députés chez eux, chacun dans une chaise de poste ; saisi d'une sainte indignation, je partis avec mes armes et mon contrat social en ma poche, pour joindre les Nantais que l'on disoit en route pour secourir Paris : je partis seul, après avoir fait de vains efforts pour entraîner la jeunesse de mon pays.

Et lors du recrutement de 92, quoiqu'incapable de soutenir les fatigues de la guerre, quoique sûr de périr par elles, n'ai-je pas consenti, *d'après un décret du Corps législatif*, à quitter mes fonctions de juge de paix pour conduire aux frontières 30 beaux jeunes gens de mon pays qui ne vouloient que moi pour chef, et que leurs mères et leurs maîtresses ont ensuite détourné de l'exécution de leur projet. J'avois pris avec eux l'engagement de les conduire au feu de l'ennemi, de faire avec eux une partie de chasse aux houlans avant de revenir à mes fonctions, auxquelles ils savoient que ma santé me rendoit plus propre qu'aux fatigues de la guerre, dans l'exercice desquelles j'étois plus capable de servir la liberté qu'à l'armée ?

Sont-ce là les traits d'un mauvais citoyen, d'un ennemi de la liberté ?

Quelle raison donc auroit pu me faire changer ?

Je suis certes trop philosophe pour avoir l'ambition des places et de la fortune. On connoit dans mon pays mon désintéressement, on sait que j'ai juré de renoncer à toutes les places lorsque la liberté reposeroit sur des bases solides ; et l'on sait que je tiens parole.

Je ne veux ni fortune, ni places, et je n'en servirai pas moins la liberté, l'égalité, la république — de toutes mes facultés.

Je la veux une et indivisible — voilà ma profession de foi la plus exacte et la plus sincère ; elle fut toujours telle : je n'ai pas fait une seule démarche, pas un seul acte qui soit en contradiction avec ces principes.

Je n'ai plus qu'un mot à dire — puisque les opinions sur le sort de Louis Capet sont un grand régulateur en cette affaire, je rappélerai que j'ai voté la mort du tyran sans appel : et Billaut Varenne devient ici lui-même mon défenseur, quand il dit dans son rapport — « *Jamais les ennemis implacables de l'oppression « royale ont-ils renversé le tyran pour en recréer de nouveaux.* »

En un mot, j'ai, sous certains rapports, autant de titres que qui que ce soit à la haine des rois et des prêtres, et je m'en fais gloire. J'ai manifesté dans tous les tems les mêmes opinions, et rappelez-vous ce que dit Juvénal — *nemo repente fuit turpissimus.*

Salut et fraternité.

Signé avec paraphe : Jacques Boilleau, député à la Convention, détenu.

P.-S. — J'ai exposé au Comité de salut public comment et pourquoi j'avois accepté pour la Commission des Douze. J'ai dit que ma santé ne me permettant pas de m'y rendre souvent, j'étois, lors de son existence, fort peu au courant de ce qui s'y passoit : que je n'avois pas eu connoissance de l'arrestation d'un p^t (président) et d'un secré^{re} (secrétaire) de section : que si j'avois consenti à l'arrestation d'Hébert et Varlet, ce n'avoit été qu'en invitant mes collègues à en référer le lendemain à la Convention ; que ce n'étoit que parce que le cas étoit urgent ; parce que l'on disoit, l'on déclaroit partout qu'il y avoit un projet d'enlever beaucoup de députés pendant la nuit même qui devoit suivre ces arrestations, etc., etc , et que l'on produisoit des écrits d'Hébert qui invitoient à des excès ; et moi je ne connoissois Hébert sous aucun rapport.

Quant à Varlet, outre ses écrits qu'on produisoit, on l'avoit entendu sur des traiteaux exciter le peuple d'une manière effrayante pour la liberté.

En ma qualité de membre de la Commission des Douze, n'étois-je pas responsable, pour mon contingent de responsabilité, envers la Convention, envers la France entière, des événemens qui pouvoient avoir lieu pendant la nuit : de sorte que, sans le savoir, je me trouvois entre deux feux.

Citoyens, je suis malade, j'ai la poitrine très affectée — j'ai besoin d'air et d'exercice, et je ne jouis ni de l'un ni de l'autre depuis deux mois ; — veuillez donc me rendre ou faire rendre justice, et me faire donner ma liberté.

Adieu. — Liberté, égalité, République une et indivisible, tels sont les vœux sincères d'un homme qui ne prodigua jamais sa bouche à l'imposture.

J. B.

II

Visite de l'église de Saint-Florentin, le 7 ventôse an III.

Cejourd'hui neuf ventôse, troisième année républicaine ;
Le Conseil général en assemblée publique et permanente, assisté du greffier ordinaire,
Est comparu le citoyen Pierre Vincent, un des commissaires nommés par le Conseil général par ses arrêtés des trois et neuf pluviôse et six ventôse présent mois, à l'effet de constater les dégradations et changements faits dans la ci-devant église paroissiale de cette commune, qu'il a déposé sur le bureau le procès-verbal qu'ils en ont dressé le sept du courant, contenant quatre pages signées à la fin de la quatrième, Pierre Vincent, Tarbé, Regnard et Beaujean, duquel dépôt le Conseil général lui a donné acte, et pour éviter qu'il ne puisse être soustrait, adhiré ou changé, le Conseil général arrête que les pages du dit procès-verbal seront cotées et paraphées par le citoyen maire, qu'il sera copié en entier à la suite des présentes et déposé ensuite dans les Archives ainsi qu'il suit.

Suivent les signatures.

Procès-Verbal *de la visite faite dans la ci-devant église de Saint-Florentin, sur la demande du Conseil général de la commune.*

Cejourd'hui sept ventôse, an trois de la République Française, Nous, commissaires soussignés, nommés par trois arrêtés du Conseil général de la commune, en date des trois, neuf pluviôse et six ventôse de la présente année, pour constater les dégradations et changements faits dans la ci-devant église paroissiale et notamment l'état des divers bas-reliefs, statues et monuments qui ont été mutilés avant l'installation de la municipalité actuelle.

Nous sommes transportés au dit lieu, dont les clefs nous ont été remises par le citoyen Thomas, secrétaire de la municipalité, et après avoir examiné les différentes parties de l'édifice et pris des notes exactes sur les objets qui ont le plus frappé notre attention, nous en avons paraphé la minute pour en extraire les observations et les inscrire au présent procès-verbal, où elles ont été classées comme il suit :

CHŒUR

Le maître-autel en marbre, le tabernacle en marbre, les lambris de marbre qui entouraient le sanctuaire, deux crédences et deux consoles de marbre ont été déplacés et déposés dans la chapelle des fonds, où beaucoup de morceaux nous ont paru dégradés et cassés. Les débris du tabernacle sont dans la sacristie ; ce n'est qu'en rapprochant toutes les parties qu'on pourrait s'assurer s'il en manque quelques-unes.

Le retable de l'autel formait un bas-relief de ronde-bosse où l'on remarquait la traduction de Jésus devant Pilate, le Crucifiement et la Résurrection ; ces trois morceaux étaient généralement estimés et avaient fixé l'attention des plus fins connaisseurs. Nous avons vu avec peine que les têtes, les bras et autres parties saillantes ont été écornés ou détruits.

Au-dessus du retable était un groupe en pierre représentant la Trinité ; ce morceau, d'une mauvaise composition, mais passablement sculpté, a été descendu sans précaution et porté dans la sacristie : un bras, un nez et le Saint-Esprit sont fracassés.

A droite de ce groupe, on est étonné de voir subsister encore une très belle statue équestre de saint Florentin, dont on n'a cassé que le bout de la lance. De l'autre côté était un Saint-Martin à cheval, au moment où il donne son manteau à un pauvre.

Le corps du pauvre a été détaché du cheval auquel il était accolé ; il en résulte au-dessus du montoir de derrière une brèche qui dépare les restes précieux de ce groupe, qu'on pouvait regarder comme un chef-d'œuvre.

Sur les bases des colonnes de l'autel étaient figurés en relief les quatre évangélistes. Ces quatre morceaux étaient d'une exécution agréable ; on ne les a pas respectés et notamment saint Luc et saint Marc, dont les têtes sont fracassées.

Les piliers du chœur portent six niches d'architecture gothique où l'on remarquait les statues des saints Vincent, Pierre, Michel,

Blaise, Fiacre et un autre dont le nom ne nous est pas revenu. Ces statues, d'un travail médiocre, ont été descendues. Nous avons retrouvé dans la sacristie celles des saints Vincent, Pierre et Blaise.

Sur la voûte, au fond du chœur, étaient deux anges portant un saint nom de Jésus. Ce groupe en pierre était plaqué ; on ne sait ce qu'il est devenu.

Au-dessus du maître-autel était suspendu un dais dont le fond représentait Dieu débrouillant le *Chaos*. La peinture en était estimée ; nous l'avons retrouvée dans la chapelle des fonds.

Le sanctuaire était fermé par une grille en fer doré et à hauteur d'appui. Le lutrin était également en fer doré ; ces deux morceaux ne sont plus en place.

Au haut de l'escalier du Jubé, on voit les restes inanimés de plusieurs petits anges sculptés en pierre, ce dont toutes les têtes sont abattues. Ces petites figures sont à regretter pour la grâce des formes et la délicatesse du ciseau.

Au-dessus du Jubé était un Christ colossal en bois ; il est déposé dans la sacristie et est très bien conservé ; on n'a pas retrouvé la croix. Au-dessous était en pierre une Mère de douleur qui a été portée dans la sacristie, où nous l'avons trouvée bien conservée.

Aux deux côtés étaient les belles statues de Marthe et de la Madeleine ; elles ont été descendues avec soin : l'une est déposée dans la salle du Conseil général de la maison commune, l'autre est sur l'autel de la Patrie.

Sur le Jubé, nous avons trouvé le coffre aux archives non ouvert et dont la serrure ne paraissait pas avoir été forcée.

A l'arcade du milieu du Jubé était une porte grillée en bois, dont les deux battants sont dans la chapelle des fonds.

Les deux arcades latérales étaient fermées par des portiques en colonnes de pierre qui ont été ôtées pour la fête de l'Être suprême, ainsi que les bancs qui y étaient adossés. C'est également pour cette fête qu'on a démonté les stalles du chœur et les bancs de la nef et des bas-côtés. Les stalles sont éparses dans l'église, les débris des bancs sont dans les chapelles ; quelques-uns sont encore en place derrière le chœur ; on a enlevé la plus grande partie des ferrements et des serrures.

NEF

Les deux autels collatéraux du Jubé étaient consacrés aux saints Sébastien, Antoine et Eloy.

Le martyre de Sébastien formait un groupe de trois statues en pierre qui sont séparées et jetées pêle-mêle dans la sacristie. On y trouve aussi la statue de saint Antoine ; saint Eloy est égaré. Sur ces deux autels étaient en outre deux tableaux qu'on ne retrouve pas et qui étaient estimés. Sur le retour de l'autel de saint Sébastien était, en pierre et dans une niche, un Dieu de pitié qui est enlevé.

Aux deux coins étaient deux grands bénitiers en pierre ; les deux piédestaux sont placés à l'extrémité du mail, auprès du tombeau de Barra et Viala. On retrouve dans l'église les deux coquilles en pierre, mais les plombs ni sont plus.

Aux deux piliers de l'orgue étaient attachés deux bénitiers ou coquilles en marbre qui ont été enlevés.

Tous les troncs ont été forcés et enlevés ; on ne retrouve ni les devants d'autel, ni les tapis qui les recouvraient.

En face de la chaire était attaché au pilier un grand tableau représentant le Christ et une Madeleine. Nous l'avons retrouvé dans la chapelle des fonds.

CHAPELLES

Nous avons reconnu dans la chapelle des fonds deux grands tableaux qu'on croit détachés de la chapelle Saint-Jean, et un tableau de saint Roch qui était au-dessus du banc des Marguilliers.

Les fonts baptismaux, en marbre, ont été posés sur le tombeau de Barra et Viala ; dans la dite chapelle sont deux mauvais confessionnaux renversés ; on n'y retrouve pas une petite statue de sainte Catherine en pierre.

Dans la chapelle de Saint-Julien, le rétable de l'autel représentait en relief la vie de ce saint. Ce beau morceau, d'une exécution parfaite, est à peu près anéanti.

Au-dessus était le saint et sa femme dans une nacelle ; ils sont enlevés, ainsi qu'une statue de saint Côme, qui était dans une petite niche à gauche. On trouve dans cette chapelle huit chandeliers en fer.

Dans la chapelle saint Jean étaient les statues de saint Jean-Baptiste, saint Jean l'Evangéliste, la Vierge, sainte Elisabeth et saint Jacques ; tout est enlevé. Leurs supports étaient sculptés en relief avec beaucoup de grâce et de délicatesse : ils sont brisés et mutilés. On regrette principalement trois pèlerines qui regardent un pendu.

Derrière le chœur est l'autel de la Résurrection, dont les différents bas-reliefs étaient sans doute l'ouvrage d'un très grand maître. On y remarque les principaux traits de la Passion : la Cène, le lavement des pieds, Jésus portant sa Croix, la Flagellation, le baiser de Judas, le Jardin des Olives et la Résurrection ; il serait difficile de concevoir la barbarie ou la stupide ignorance des malheureux qui ont vandalisé ce chef-d'œuvre. Nous y avons compté quarante-deux têtes cassées, et nous ne parlons pas des bras, cuisses et autres parties mutilées. Au-dessus du retable était un Christ en pierre. Les deux larrons, saint Robert et saint Ovide, toutes ces statues sont enlevées.

A l'autel Saint-Etienne on a enlevé les statues des saints Etienne, Crespin et Crépinien. Celle de saint Florentin n'est plus au-dessus de la porte de la sacristie. Le tableau du dit autel n'a pas été retrouvé. Les coffres où l'on serrait les cierges sont vides, les serrures ont été volées. En face du banc d'œuvre était une lampe qui n'existe plus. Nous avons retrouvé, dans la sacristie, la Vierge de la chapelle Saint-Jean et sainte Elisabeth. Ces statues ont deux mains cassées.

A la chapelle de la Vierge était une Notre-Dame de Mont-Carmel, saint Lié, saint Honoré, saint Bon, sainte Geneviève, et une autre sainte dont on n'a pu retrouver le nom ; toutes ces statues sont enlevées, de même qu'une sainte Marguerite qui foulait un dragon sous les pieds. Nous n'y avons pas retrouvé le couronnement d'un tabernacle en ébène, la croix et deux petites figures en ivoire représentant saint Pierre et Saint-Paul.

Dans la chapelle Saint-Joseph était une statue de ce saint tenant un enfant Jésus par la main. Joseph est dans la sacristie ; l'enfant est enlevé. Au-dessus on voyait deux anges soutenant un coffre sur lequel était une statue de la Vierge portant l'enfant Jésus. Ces morceaux, à l'exception du coffre sont dans la sacristie ; la tête de l'enfant est cassée. Sur la gauche était saint Nicolas et les enfants dans un bateau ; la statue du saint est dans la sacristie, les enfants n'y sont pas. On a dégradé le joli bas-relief du piédestal de saint Nicolas. On regrette dans le portique deux figures en pierre représentant l'Annonciation, une colonne et quelques ornements bien sculptés.

Dans la chapelle Saint-Roch, on ne retrouve pas le tableau de ce saint, sa statue et celle de Notre-Dame de Liesse et de sainte Anne ; il y avait une Notre-Dame de Douleur que nous avons retrouvée dans la sacristie ; les démembrements des deux arcades du Jubé sont dans cette chapelle.

La Sacristie aux ornements était fermée ; nous n'avons pu y rien constater.

Nous n'avons pas vu les ornements et linges d'église, dont quelques-uns étaient galonnés en or, notamment la bannière.

La canne du Suisse a été donnée au tambourg-major de la garde-nationale. Enfin, nous nous sommes rappelés qu'il existait sur l'église deux clochers dont un a été démoli, et dans l'autre, dit le Dôme, on a porté une grosse cloche sous le timbre de l'horloge.

Peut-être avons-nous obmis de constater d'autres objets pris ou dégradés dont nous n'avons jamais eu connaissance, et sur lesquels il ne nous est parvenu aucun renseignement.

Nous nous sommes imposé la loi sévère de n'exposer au Conseil général de la commune que des faits évidents et certains tels que ceux ci-dessus détaillés, dont nous certifions la vérité.

A Montarmance, ci-devant Saint-Florentin, les jours, mois et an susdits. Signé sur la minute Pierre Vincent, Regnard, Tarbé et Beaujean.

La dite minute cotée et paraphée au bas des quatre pages et signée par le citoyen maire.

Le Conseil général arrête que copie du procès-verbal ci-dessus et de la présente délibération sera adressée à l'agent national près le district de Saint-Florentin.

Et a le Conseil général signé.

III

Arrêté permettant aux Théophilanthropes l'usage de l'église de Saint-Florentin.

ADMINISTRATION MUNICIPALE DU CANTON DE SAINT-FLORENTIN

Séance du 30 prairial an dix tenue par les citoyens Decourtive, Biot, Antoine Roy, Ythier et Finot.

Culte théophilanthropique

Vu la déclaration d'un grand nombre de citoyens habitants de la

commune de Saint-Florentin, par eux signée et déposée au secré-
tariat le sept du présent mois, expositive qu'ils sont dans l'intention
d'exercer le culte théophilanthropique et qu'ils choisissent le temple
dit autrefois l'Eglise paroissiale. Pourquoi ils demandent que les
jours de décadi, à onze heures, il leur soit ouvert et qu'une portion
leur en soit assignée.

L'Administration considérant qu'elle doit une égale protection à
tous les cultes, et que la tolérance est le moyen sûr d'éteindre toutes
les guerres de religion et de mettre fin à tous les malheurs causés
par le fanatisme.

Considérant qu'il n'y a que la malveillance la plus insigne qui
pourrait arguer de la protection accordée au culte théophilanthropique que son dessein est d'anéantir la religion catholique et d'en
persécuter les sectataires.

Considérant que toutes les religions sont bonnes à ses yeux lorsqu'elles commandent l'amour de la patrie, l'exécution des lois et le
respect pour les autorités constituées.

Après avoir entendu le Commissaire du Directoire exécutif.

ARRÊTE :

ARTICLE 1ᵉʳ

Il est permis aux citoyens désignés en la déclaration ci-dessus
datée et énoncée et à tous autres, de se réunir pour exercer le culte
théophilanthropique, les jours de décadi, à 11 heures, dans le temple
dit autrefois l'Eglise.

ART. 2

La partie dite la nef leur est accordée, ainsi que l'usage du local
dit la sacristie, placé dans cette partie.

ART. 3

L'orgue étant une propriété nationale, l'usage en est accordé en
commun au culte catholique et au culte théophilanthropique.

ART. 4

Il n'est permis de faire usage pour le culte théophilanthropique
que d'une portion des bois provenant des bancs.

ART. 5

A onze heures, tous les jours de décadi, le culte théophilanthropique pourra commencer ses exercices.

ART. 6

L'Agent de la commune est chargé de l'exécution du présent
arrêté, et de suppléer pour l'ordre à ce qui pourrait manquer, et
notamment d'être présent à l'exercice du dit culte revêtu de son
écharpe, pour s'assurer si on y prêche l'exécution des lois.

Signé : DECOURTIVE, agent national ; ROY ; FINOT ; BIOT ;
BEAUVAIS, président ; LAVAL, secrétaire.

———

à Monsieur Léopold
Delisle, hommage
respectueux
Francis Molard

LETTRE

sur

RESTIF DE LA BRETONNE

par

Francis MOLARD

ARCHIVISTE DE L'YONNE

AUXERRE

IMPRIMERIE ET LITHOGRAPHIE ALBERT GALLOT

— 1890 —

(9)

A M. Paul Cottin, sous-bibliothécaire

à l'Arsenal

> Dulce est desipere in loco.
>
> HORACE.

MON CHER CONFRÈRE,

On n'est vraiment pas plus aimable que vous. J'ai reçu ce matin, au saut du lit, votre petit bouquin tout empanaché de rouge, de format elzévirien et d'apparence engageante. Enveloppé dans la chaude robe de chambre qui abrite mes rhumatismes naissants, et ma très longue et très paresseuse personne, je respirais à pleins poumons la bonne odeur de son impression récente, et bénissais de tout cœur le Dieu qui m'avait fait ces loisirs, lorsqu'en relisant votre lettre, un point noir s'est subitement dressé à mon horizon. Vous me demandiez un compte-rendu dans les journaux du département.

Fâcheuse, très fâcheuse idée ! Voyez-vous, mon cher confrère, parler de Restif à Auxerre, autant vaudrait discourir de corde dans la maison d'un pendu. Ah ! c'est que le cher homme, et vous ne l'ignorez point, n'a pas été tendre pour ses compatriotes. Les bourgeois, les jeunes gens, le peuple, tout y passe ; les femmes aussi, les femmes surtout. Or, vous et moi, qui connaissons le fonds et le tréfonds des choses mieux que personne, nous savons combien, à leur égard, notre écrivain s'est montré ingrat, puisque en quatre ans de séjour, il prétend y avoir mis à mal dix-neuf jouvencelles, *toutes jeunes et toutes belles*, dont il fournit avec détails, les noms, prénoms et signalements.

Une riche organisation tout de même, n'est-ce pas, mon cher confrère ?..... A vingt-cinq ans, une demi-douzaine m'aurait largement suffi !... Et à vous ?...

Aussi, toutes ces réflexions, je ne vous le cache point, m'ont quelque peu gâté votre gentil présent. Mon Dieu, vous allez me dire, je sais bien, *qu'ambassadeur ne porte pas peine*, que c'est Restif de la Bretonne et non pas moi qui ai dit du mal des Auxerrois, et surtout des Auxerroises, pour lesquelles j'ai toujours professé, c'est notoire, les sentiments les plus dévoués. les plus *éthérés* et les plus respectueux. Oui, mais comme Restif est à six pieds sous terre, et moi presqu'à six pieds au-dessus, j'aurai beau crier à tue-tête, ainsi qu'un écolier pris en flagrant délit par son maître : Hi ! Hi ! m'sieu c'est pas moi, c'est Restif de la Bretonne ! Vous verrez que c'est à ma guenille qu'on s'en prendra, et qu'on me chantera pouilles par les rues.

Enfin, je me sacrifie, je m'immole sur l'autel du livre et de la confraternité. Mais si, victime de mon dévouement, je succombe, balayé par l'ire populaire, *à la fleur de mon vieil âge*, et de mes rhumatismes déjà nommés, versez, je vous en prie, un pleur sur ma tombe *isolée*, et rafraîchissez ma pauvre âme du suffrage de vos saintes prières..... bibliographiques.

Votre bien dévoué confrère,

FRANCIS MOLARD

P.-S. — J'oubliais... Mes compliments, s'il vous plaît, à Lorédan-Larchey, l'heureux mortel, qui se chauffe là-bas comme un lézard, au blond soleil de la Côte d'azur.

Dites-lui bien que ses maudits *Cahiers du Capitaine Coignet*, m'ont valu une correspondance enragée, surtout avec l'Alsace. Je vais lui réclamer de grosses sommes pour frais de timbres et d'écritures.

Ici, à défaut de bonnet doctoral, je me coiffe de ma calotte de Bibliothécaire, et gravement je commence :

Notre distingué confrère, M. Paul Cottin, sous-bibliothécaire à l'Arsenal, et Directeur de la *Revue Rétrospective*, vient de faire une découverte qui intéressera grandement le département, et notamment l'Auxerrois. Il s'agit tout simplement d'un manuscrit inédit et autographe de Restif de la Bretonne, qu'il a déterré dans les archives de la Bastille. Comment une pareille œuvre a-t-elle pu s'y trouver ? — C'est ce qu'il n'est pas facile de déterminer. Mais les papiers saisis par la police ayant toujours été versés à la Bastille, on peut présumer qu'à la suite d'une descente faite pour tout autre motif, chez un éditeur, ou même chez un particulier, notre memorandum aura été confisqué avec d'autres pièces, et renvoyé sans examen au lieu de garde habituel.

Quoi qu'il en soit, M. Cottin, après en avoir donné la primeur aux heureux lecteurs de la *Revue Rétrospective*, l'a réédité de nouveau chez Plon, sous format elzévirien. Le texte et la préface sont précédés d'un fac-simile d'un tiers de page pris au hasard dans le manuscrit lui-même, et dont le seul aspect est capable de faire dresser les cheveux sur la tête du paléographe le plus habile et le plus endurci. Il a donc fallu à notre confrère l'*œs triplex circa pectus* pour mener à bien une besogne aussi ingrate, le corps de l'ouvrage, comprenant cinquante-six feuillets in-4º couverts d'une écriture serrée et hiéroglyphique, et s'étendant comme dates entre le 1ᵉʳ janvier 1780 et le le 19 août 1787. Ces feuillets sont cotés de 972 à 1028, et divisés en 1164 paragraphes. Suivent deux autres feuillets chiffrés 1202 et 1203. Ce sont, sous le titre d'*Inscriptions*, des dates sculptées sur les parapets de l'île Saint-Louis, et des notes prises au jour le jour, dont Restif s'est servi pour la composition de son célèbre ouvrage : *La vie de M. Nicolas, ou le cœur humain dévoilé*. Les 971 feuillets qui précèdent sont perdus, ou plutôt ont été détruits par sa femme ou son gendre. Les feuillets postérieurs ont également disparu, on ignore de quelle façon.

M. Paul Cottin a fait précéder « *Mes Inscriptions* » d'une préface de 125 pages, qui, résumant les données déjà fournies par Gérard de Nerval, Monselet, le bibliophile Jacob et Jules Soury, les complète sur bien des points.

C'est sans doute le travail le plus achevé qui, jusqu'ici, ait été fait sur Restif de la Bretonne. Aussi, je ne puis résister au désir d'en donner ici quelques extraits; ils mettront en goût le lecteur, et l'inciteront à faire plus ample connaissance avec l'ouvrage. On comprendra que je ne vais pas raconter en un journal la vie de l'écrivain, les faits en sont plus ou moins connus de tous, et je brouillerais mal à propos, la toute-puissante politique qui réclame une grande place, avec cette pauvre littérature, déjà trop heureuse d'en obtenir une toute petite.

C'est pourquoi je me contenterai de tracer une brève esquisse du caractère ainsi que des idées de ce romancier original, mais trop fécond, et trop peu *châtié* pour l'honneur de sa mémoire.

On sait que Restif a toujours été considéré comme le fondateur des deux sectes qui divisent aujourd'hui notre littérature, je veux parler de l'école naturaliste et de l'école psychologique.

Il appartient à la première, parce qu'il décrit hommes et choses, avec une abondance de détails et une crudité d'expression, poussée parfois jusqu'au cynisme (il est vrai qu'alors il parle le plus souvent latin), et à la seconde, par les études minutieuses auxquelles il s'est livré, tant sur le moi des autres que sur le sien propre, d'où résulte pour lui un faire original, le distinguant complètement des autres écrivains de son siècle, même de Rousseau, son premier maître. Mais c'est là aussi qu'il faut chercher la cause de cette fatuité, l'origine de cette vanité maladive, de cette rage de se montrer et de s'exhiber, qui lui ont valu à bon droit plus d'une mordante épigramme.

A l'entendre, il n'est exercice de corps où il n'ait excellé, ni qualités morales qui n'aient été les siennes. A Auxerre, chacun admirait son courage ; on l'avait proclamé le défenseur du beau sexe. Sa voix est souple, avec des bas admirables, et la plus grande étendue par le haut. Il inspire des passions violentes, etc., etc. Dans *Ingénue Saxancourt*, Félicité Mesnager, une de ses *victimes*, parle de lui en ces termes : « Hâ ! Si vous saviez « comme il était séduisant ! C'est un de ces « hommes qui n'ont pas besoin de jeunesse

« pour se faire aimer. Sa distraction même
« et son air préoccupé ont un charme, parce
« qu'on sent trop que ce n'est pas affecta-
« tion. Il ne dit pas un mot qui ne soit l'ex-
« pression d'un sentiment. S'il fait un com-
« pliment, il est délicat et persuasif ; il vous
« détaille vos charmes, de manière à faire
« aimer l'homme qui doit les pénétrer si
« bien, et en deviner tout le prix. » Voilà
de l'encens, si je ne me trompe, et du plus
gros encor.

Parfois, cependant, notre homme fait un
retour sur lui-même, et se blâme sévère-
ment. Il avoue avoir commis des fautes,
toutes, dit-il, excepté le meurtre. On con-
viendra qu'il n'y a rien là de bien édifiant.
Parfois aussi il critique ses propres œuvres,
qu'il reconnaît faibles ou défectueuses, mais
qu'un autre vienne s'y frotter, et il lui en
cuira. L'aristarque mal avisé se verra im-
médiatement traité avec une verve, une
intempérance toute bourguignonne, de men-
teur, d'infâme, de lâche faussaire, sot, lâche,
polisson, âne littéraire et autres douceurs.

L'humanité est, on le sait, un composé de
contradictions, mais à ce point de vue, Restif abuse vraiment de la permission d'être
homme à ses heures. Tantôt il stigmatise de
sa virulente éloquence la populace et la ca-
naille, pour lesquelles il a toujours fait
montre d'une profonde antipathie ; il ful-
mine contre la morgue et la corruption des
Grands, déclarant que seule la bourgeoisie

est l'arche sainte, qu'elle est saine, pure et virile. Puis tout à coup, sans crier gare, il arrange de la belle manière la plate (*sic*) bourgeoisie d'Auxerre, probablement parce qu'elle lui a fait peu d'accueil durant son séjour en cette ville.

De même pour les femmes. Tout d'abord elles sont pour lui l'univers entier, le bien suprême, la source d'eau vive à laquelle on étanche sa soif. Il leur doit tout ce qu'il est, privé d'elles, il n'aurait été qu'un être nul, sans chaleur et sans énergie.

Mais bientôt après, voici qu'il leur administre des corrections formidables, au moins en paroles, et tombe à bras raccourcis sur les Auxerroises, qui, après toutes leurs bontés pour lui, ne méritaient point un si cruel traitement. « Ma femme Agnès Lebègue, déclame-t-il, était méchante comme toutes les Auxerroises, sans en avoir les qualités ; elle était hautaine, intéressée, etc., etc. » On n'est vraiment pas plus galant !

Mais alors en quoi pouvaient bien consister les qualités de ces pauvres filles, puisque, d'après l'auteur, elles étaient toutes méchantes, et probablement aussi, hautaines, intéressées, etc., etc. ?...

D'ailleurs, Restif est l'ennemi juré de l'instruction féminine « Si on agit autrement, « vocifère l'écrivain, mœurs et repos, plai- « sirs et bonheur, tout est perdu. Une fem- « me ne doit savoir répondre qu'aux choses « d'économie domestique et aux caresses de

— 9 —

« son mari, pour deux raisons : 1° C'est que
« dès qu'une femme a mieux raisonné que
« son mari, le ménage n'a plus de chef, et
« tout doit aller sens dessus dessous. La deu-
« xième raison, c'est qu'il faut un repos à
« l'espèce humaine, et c'est dans le sein de
« la femme qu'elle doit le trouver ».

Voilà, si j'étais marié, une théorie qui me
paraîtrait bien séduisante..... mais ma femme serait-elle du même avis ? ? ?

Les ouvriers avec lesquels il eut du reste
plusieurs fois maille à partir, tandis qu'il
était imprimeur à son compte, ne trouvent
pas plus de grâce à ses yeux. « La préoccu-
« pation constante des philosophes d'amé-
« liorer le sort des ouvriers, d'augmenter
« leur bien-être, leur salaire, doit fatale-
« ment amener la suppression du travail.
« Ils ressemblent aux estomacs que trop
« de nourriture rend paresseux. Si le prix
« de la journée est doublé, qu'arrive-t-il ?
« — La populace ne voit que le présent, se
« dispense de l'atelier trois jours sur six,
« passe les trois autres jours à se débau-
« cher, faire des dettes et à prendre des ha-
« bitudes de paresse. » Pour lui s'il était de
l'assemblée nationale, il ferait une motion
consistant à déclarer tous les ouvriers,
« propriété nationale », et comme tels obli-
gés à travailler pour eux-mêmes et pour
leurs familles. « Ce serait le vrai moyen de
faire refleurir le commerce. » Ce sont là des
opinions qu'il aurait peut-être été délicat d'ex-

poser à la Bourse du travail, lors du premier mai dernier. Celui qui aurait eu cette
audace se serait facilement acquis les pal-
mes du martyre.

Et cependant, ce désordonné, ce vicieux,
est un homme de bon cœur.. Il a été père
tendre envers ses filles, secourable aux malheureux quand il l'a pu. Nul mieux que lui
n'a connu les ressorts du cœur humain, n'en
a dépeint avec plus de vérité les luttes et les
défaillances. Ses livres sont vécus, et qui-
conque voudra entrer en communion intime
avec nos ancêtres du dernier siècle, devra
méditer à loisir ses ouvrages. Sa patience
sera bien récompensée. Au milieu des touffes
broussailleuses du style *interjectif* de l'auteur, parmi les apostrophes souvent comi-
ques qu'il adresse, à tout bout de champ, au
soleil et à la nature, au travers de tant d'in-
cohérences et de déclamations ridicules, le
lecteur verra, et plus souvent qu'il ne pense,
étinceler des intermèdes de douce et suave
poésie.

Ecoutez plutôt ce passage de son autobio-
graphie (t. V, p. 243) : « O temps heureux,
« vous êtes passés comme l'onde qui fuit,
« pressée par celle qui la suit, toujours dif-
« férente en paraissant toujours la même.
« Ainsi coulent les moments de la vie ! Le
« moment qui s'échappe est passé pour ja-
« mais, et le temps semble toujours le
« même. Le fleuve d'hommes qui s'écoule
« paraît toujours composé de vieillards,

« d'hommes faits, de jeunesse et d'enfants.
« On voit toujours les mêmes folies, les
« mêmes crimes, les mêmes vertus rare-
« ment semés. Un spectateur isolé, éternel,
« croirait les hommes immortels comme
« lui, et ils n'ont été qu'un instant ! Ils n'ont
« eu qu'un instant de vie, souvent de mal-
« heur, et disparaissent pour jamais dans le
« gouffre de l'éternité, comme l'eau d'un
« fleuve dans l'abîme des mers. — *Ebrietas*
« *diva juvenum, nunquàm redibis.* »

Cela n'est-il pas merveilleux ? — Saint
Grégoire de Nazianze n'a pas mieux dit dans
l'immortelle oraison funèbre pour son frère
Césarios ; Le Tasse n'a pas été plus touchant
au début du troisième acte de la tragédie de
Torismondo.

Et ce n'est pas tout. Même dans ces idées
singulières, qui nous paraissent aujourd'hui
si étranges, à côté du paradoxe poussé jusqu'à l'absurde, il y a la part de la pratique
et de l'originalité. Plusieurs des réformes de
l'orthographe proposées par Restif sont pro-
fondément rationnelles. Les chevaliers du
Mérite agricole doivent révérer en lui leur
fondateur. Les grincheux seuls peuvent pré-
tendre que ce n'est point là un grand titre
de gloire. Les collectivistes et leurs prédé-
cesseurs ont puisé à pleines mains dans ses
théories sociales. Le premier, et les méde-
cins seront aujourd'hui de son avis, il a jugé
que les femmes du monde n'étaient point
aptes à nourrir leurs enfants.

Enfin, il a eu une vision nette et précise de la Révolution française et de ses conséquences. Il a prédit plus de dix ans de guerre.

Il écrivait en 1780 : « Elle viendra peut-
« être, cette révolution terrible où l'homme
« utile sentira son importance....

« .... Voyez-vous cet esprit remuant, sa-
« vez-vous ce que cela signifie ?.... que ce
« même peuple secoûra dans peu toutes les
« entraves de la sociabilité..... Écoutez la
« voix d'un plébéien qui vit avec le
« peuple, qui connaît ses plus secrètes pen-
« sées !.... La fermentation existe, elle aug-
« mente..... Ramenez-les par l'organisation
« du travail. » etc.

Concluons en deux mots : Malgré les trop nombreuses taches qui déparent et sa vie et son œuvre, Restif de la Bretonne est une des figures les plus originales et les plus considérables de ce département. Nous devons donc une très vive reconnaissance et des remerciements sincères à M. Paul Cottin, pour nous avoir apporté sur cet écrivain un document aussi nouveau qu'instructif.

FRANCIS MOLARD.

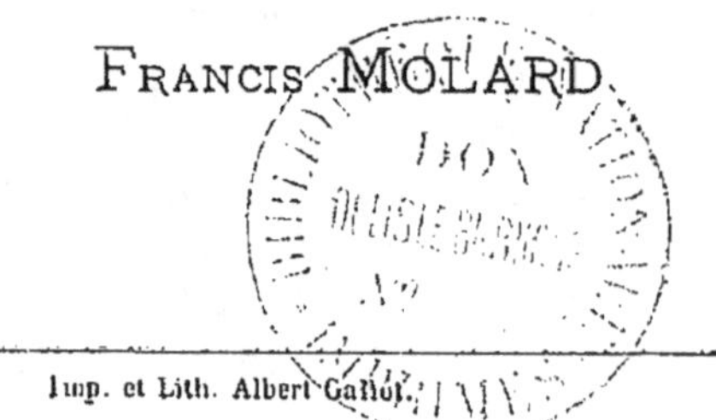

Imp. et Lith. Albert Gallot.